Deutschlands europäische Sendung

Friedrich Lienhard

Alpha Editions

This edition published in 2022

ISBN : 9789356709515

Design and Setting By
Alpha Editions
www.alphaedis.com
Email - info@alphaedis.com

Deutschlands europäische Sendung

By Friedrich Lienhard

Ich grüße die Stillen im lauten Land,
Sie alle, die in dem brausenden Brand
Kraft behielten, stille zu sein –
Sie grüß' ich: haltet aus! bleibt rein!

Bleibt, was ihr seid: bleibt still und stark!
Bleibt in den deutschen Bäumen das Mark!
Sendet die Kraft in die Wipfel empor:
Durch euch nur braust der Wipfel Chor.

Ihr weilt in der Enge, ihr wirkt im Haus,
Fernfunken aber sendet ihr aus
Zum Helden, der sich im Felde rührt
:Gedanken, darin er die Heimat spürt.

Bleibt still und stark, bleibt stark und still!
Der über uns waltet, weiß, was er will:
Schmieden will er aus Zorn und Zucht
Ein Volk der Würde, ein Volk der Wucht!

Oft schon hat der Verfasser der folgenden Kriegsgedanken dichterisch und literarisch den Wunsch geprägt: dem deutschen Reichskörper muß noch eine deutsche Reichsseele geschaffen werden.

Wir waren auf den europäischen Krieg gefaßt; er war in der geistigen Luft vorgezeichnet. Die Spannungen zwischen den Völkern mußten einmal an den Punkt kommen, wo sie sich entluden.

Dieses mächtige Ereignis erleben wir jetzt. Der Krieg ist das europäische Reinigungsgewitter. Der stolze seelische Grund Frankreichs: seinen 1870 vernichteten Waffenruhm wieder herzustellen; der weniger stolze Grund Englands: den Handelsnebenbuhler zu Land und See, das rührige Deutschland, zu ducken; der Versuch Rußlands, den österreichischen Interessen zu Trotz seinen panslawistischen Traum zu erfüllen: – das kreiste schon lang am politischen Horizont. Nun brach es offen aus. Und die Schlachten werden feststellen, wie die europäische Karte fortan aussehen soll.

Es wird über diese Dinge viel geschrieben. Mich bewegen andre Sorgen. In einem Feldpostbrief waren diese sorgenden Gedanken neulich ausgesprochen. Wie wird Deutschland nach dem hoffentlich zu erwartenden Siege seine geistige Aufgabe erfassen? Werden wir eine andre Luft, verjüngte Herzen, erneuerte Menschen haben? Denn tatsächlich kämpfen unsre Krieger nicht nur so für den materiellen Bestand ihrer deutschen Güter; in ihres Herzens Grunde lebt außerdem ein Idealbegriff der deutschen Heimat. Das ist der geheime, ihnen meist unbewußte, aber wirksamste Kraftquell. Auch in unsrem naturwissenschaftlichen Zeitalter kämpft man letzten Endes nicht für Sachen an sich, sondern für Ideen, die in und hinter den Sachen wirken. Das macht Deutschland so jung, das gibt ihm diesen einmütigen Schwung: wir kämpfen für ein Deutschland, das noch kommen soll. Wir sind von der tiefen, glühenden Empfindung durchatmet, daß Deutschland seine reinste, seine eigentliche Sendung noch nicht angetreten hat. Alle Achtung vor unsren Mörsern, alle Achtung vor unsrem Generalstab und jedem einzelnen unsrer heldenmütigen Soldaten! Aber dieses Große, das wir da um uns an der Arbeit sehen, ist nur Mittel zum Ziel. Das Ziel aber ist

Deutschlands europäische Sendung.

Zu Weihnachten des verflossenen Jahres ging mir aus meinem Leserkreise eine eigenartige Gabe zu. Es war eine schlichte, mit einfachem Eichenholz fest eingerahmte Tafel, die einen großgedruckten Spruch aus meiner Gedichtsammlung »Lichtland« (Stuttgart 1912) enthielt. Dieser Spruch, der nun in der Hauptstadt der Westmark über meinem Stehpult hängt, lautet:

Wenn Deutschland seine Sendung vergißt,
Wenn Deutschland, nachdem es die Meere befahren,
Den Völkern nicht mehr Führer ist
Zum Innenland des Unsichtbaren,
Zu Gott und Geist –
Wenn Deutschland versäumt seine heilige Sendung
Und nicht mehr vorangeht in Drang nach Vollendung,
Wenn es vom Haß, der in Spannung hält
Die eiserne Welt,
Zu neuer Liebe den Weg nicht weist –
So wisse: dein Glück und dein Reich zerschellt!

Das ist, wenn auch in etwas herber und drohender Form, mein nationales Glaubensbekenntnis.

Und so setzen wir der Flut von Haß und Verleumdung, die aus dem Ausland von Romain Rolland bis Maeterlinck und Verhaeren gegen uns ansprüht, als Söhne Goethes den unerschütterlichen Glauben an Deutschlands heilige Sendung entgegen. »Das Schicksal der Deutschen ist noch nicht erfüllt«, äußerte Goethe im Gespräch mit Luden (1813). »Hätten sie keine andere Aufgabe gehabt, als das römische Reich zu zerbrechen und eine neue Welt zu schaffen und zu ordnen, sie würden längst zugrunde gegangen sein. Da sie aber fortbestanden sind, und in solcher Kraft und Tüchtigkeit, so müssen sie nach meinem Glauben noch eine *große Bestimmung* haben.«

Eine Bestimmung äußerer und eine Bestimmung innerer Art: »Der Menschheit *Würde* ist in eure Hand gegeben!«

Damit ist jenes Programm wieder aufgenommen, das einst unser Schiller in die Worte gepreßt hat: »Kann aber wohl der Mensch dazu bestimmt sein, über irgendeinem Zweck sich selbst zu versäumen?« Nämlich: seine innere Welt, sein höheres Selbst, den geistigen Leuchtkern in uns. Das zieht sich durch Schillers und Goethes Lebensarbeit. Das geht durch alle Idealisten und Propheten der ganzen Welt. Und es widerspricht keineswegs der äußeren Kriegsarbeit, die von deutschem Geiste jetzt da draußen geleistet wird. Arbeitsteilung! Ein Teil deutscher Geistestruppen muß abkommandiert werden, dieses Programm zu erfüllen – sobald die europäische Luft durch den Kriegsorkan gereinigt sein wird. Diese Truppen stehen schon im Hintergrunde; sie stellen sich jetzt schon auf ihre künftige Aufgabe ein; sie ermutigen die Mannschaft draußen durch tapfere und großzügige Gedanken. Sie geloben, mit demselben Tatsachensinn, wie er den knapp und klar sprechenden und handelnden Generalstab auszeichnet, nicht im Parteigezänke unterzugehen, sondern das Große und Ganze unverwirrt und unkleinlich im Auge zu behalten. Nämlich: mit dem Aufbau der neuen deutschen Innenwelt

bei sich selber anzufangen.

Gedanken aber haben fernwirkende Kraft. Gute und große Gedanken, in einem echten Menschen lebendig, haben segnende Kraft für die ganze Umwelt. Es ist wie Funkenfernspruch. Cromwells Schwadronen stärkten sich fern vom Feind durch alttestamentarische Zorngedanken; kam das Eisenheer näher, so ritt es schweigend; aber die Kraft sammelte sich in den düstren und harten Psalmensingern, den viel belächelten und noch mehr gefürchteten »Eisenseiten«; und im stürmischen Angriff entlud sich dann, was sich in Gedanken angesammelt hatte. So greifen Gedanken und Taten ineinander. Dieselbe Wucht, die jetzt draußen ein gewaltiges Außenziel zu erreichen bestrebt ist, wird später, auf geistige Ziele gelenkt, gleichfalls nicht versagen.

So bildete unser Friedrich der Große, trotz aller französischen Formen, eine seltsame Einheit zwischen Geist und Tat. Seine Gedichte und Briefe beben von verhaltener Glut und Kraft, sind Begleitakkorde, sind seelische Entladungen: und der strenge Rhythmus seiner Schlachten ist dann die kongeniale dramatische Tat. Ein feines Ohr hört denselben Pulsschlag hier und dort. Und hört den genau geregelten ehernen Marschtritt der Schlachten und der Oden auch im friderizianischen Staatswesen und persönlichen Lebensbegriff.

Genau so braucht heute kein Riß zu klaffen zwischen der dynamischen Entfaltung des äußeren Deutschlands und der Entfaltung der künftigen deutschen Innenwelt – kurz geformt:

zwischen Reichskörper und Reichsseele.

Kampf hämmert aus den Kämpfenden und aus den hoffend und schaffend Zuschauenden Heldentum zutage. Kampf rüttelt zwar auch die niederen Instinkte empor und die Gefahren haßvoller Verwilderung. Aber in einem gesitteten Volke von Zucht und Maß, zumal wenn es um eine große und gute Sache gegen Übermacht kämpft, ist diese Gefahr gebannt. Und es bleibt als köstlicher Gewinn: Stählung des Willens zum Guten, zum Großen, zum Starken.

Solche Stählung ist Läuterung. Fäulnis wird hinweggeschwemmt. In jeder hochgestiegenen Zivilisation sammelt sich Fäulnis, Luxus, Unnatur. Ist das Volksganze gesund, so bedeutet der Krieg Reinigung. Alle Fratzen fader Witzblätter, alles Kokottentum des Denkens und Empfindens, alle blasse Zweifelei und Spöttelei und Ästhetelei – hinweggeblasen! Alle Unterschiede der Parteien und Stände – ausgefegt von dem einen großartigen deutschen Familiengefühl: opferfreudiger Kampf gegen Übermacht! Jetzt kennen wir alle, wie unser so treffsicherer, der Stunde gewachsener Kaiser, keine Parteien mehr: »nur noch deutsche Brüder!« Nicht Haß ist es, was unsere Heere durchpulst, sondern dieser Geist eines tatkräftigen Zusammenhaltens: einer neuen Liebe zu Haus und Heimat!

Jetzt gewinnt Heldenverehrung wieder ihren erzieherischen Wert. Es wird uns jetzt blutvolle Gegenwart, wenn wir uns an Friedrichs des Großen ähnlichen Heldenkampf gegen europäische Übermacht erinnern. Eine ganz gerade Linie führt von ihm zu uns. Ohne Friedrich und seinen Siebenjährigen Krieg kein Bismarck und kein Reich. Auch er ein Diener der Idee, ein Werkzeug der über ihm waltenden Macht: der Macht, die das Deutsche Reich geformt hat, wie sie jetzt die deutsche Reichsseele formen will.

Man beachte das tiefsinnige Zahlenspiel: genau in der Mitte zwischen dem Siebenjährigen Kriege (etwa 1760) und dem Kriege von 1870 ist Bismarck geboren (1815). Fünfundfünfzig Jahre nach rechts und nach links! Mit der Linken reicht er Friedrich dem Großen die Hand, mit der Rechten schmiedet er einem andren edlen Hohenzollern das Deutsche Reich.

Über dieses Reich noch einige Gedanken, ehe wir unsre innere Aufgabe ins Auge fassen!

Zunächst ist unser Kampf Notwehr um des Reiches Bestand. Das hat der Kanzler in seiner Reichstagsrede am 4. August glücklich geprägt; das glüht in des Kaisers Aufruf an das deutsche Volk am 6. August, dem Jahrestag der Schlacht bei Wörth. »Alle offenkundige und heimliche Feindschaft von Ost und West und von jenseits der See haben wir bisher ertragen im Bewußtsein unsrer Verantwortung und Kraft. Nun aber will man uns demütigen. Man verlangt, daß wir mit verschränkten Armen zusehen, wie unsere Feinde sich zu tückischem Überfall rüsten. Man will nicht dulden, daß wir mit entschlossener Treue zu unserem Bundesgenossen stehen, der um sein Ansehen als Großmacht kämpft und mit dessen Erniedrigung auch unsere Macht und Ehre verloren sind ... Um Sein oder Nichtsein unseres Reiches handelt es sich ... Wir werden uns wehren bis zum letzten Hauch von Mann und Roß ...« Notwehr um des Reiches Bestand!

Aber Notwehr ist nur die eine Seite dieses schweren Kampfes. Es ist mehr dabei. Es ist das besondere deutsche »moralische Gemüt«, was dem Furor teutonicus wieder einmal Schwung und Wucht verleiht. Denn Ausgangspunkt der europäischen Verwicklung war ein Meuchelmord. Und meuchelmörderische Pöbelinstinkte sahen wir nicht nur in Serbien aufschäumen; das Wort »belgische Greuel« wird in die Weltgeschichte eingegraben werden. Jetzt tritt das oft in Friedenszeiten als lästig empfundene und verspottete preußisch-deutsche Talent der Zucht und Ordnung in großartige Wirksamkeit. Unser Aufmarsch war ein ganz bedeutendes Schauspiel; die öffentlichen Kundgebungen der jetzt in Deutschland befehlenden Kommandeure sind oft von plastischer Kraft und Kürze; und das Bild, das unsre Truppen gewähren, beweist, wie viel geistvolle Willenskraft hier an der Arbeit gewesen, um das zu leisten, was der Generalstab und alle einzelnen Teile vollbracht haben. Dazu gibt unser Hauptquartier in seinen Berichten vom Schlachtfeld durch knappe Wahrhaftigkeit und Sachlichkeit ein Vorbild gegenüber den geradezu unglaublichen Lügenphrasen rund herum. Zucht, Wahrheit, Sachlichkeit gegen Tücke, Phrase, Barbarei!

Zu dreien und vieren und fünfen sind sie über uns hergefallen. Einer allein wagte nicht, mit des Reiches Stärke anzubinden. Das Gespenst Eduards und seiner Einkreisungspolitik treibt jetzt seine Dämonen auf uns los. Ahnen sie Deutschlands künftige Bestimmung und wollen uns noch beizeiten ducken? Sie tun unsrem Mut Ehre an, indem sie uns eine so ungeheure Belastungsprobe zutrauen. Recht so! Nur heran! »Hier werden noch Kriegserklärungen entgegengenommen«, hat ein deutscher Spaßvogel an einen Eisenbahnwagen geschrieben.

Wenn die Reiche der Mitte diese Probe bestanden haben, so wird der Beweis erbracht sein, daß der deutsche Geist zur Führung Europas berufen ist.

Wie sich dies äußerlich bekunden wird, das kann nur aus den Ereignissen selbst als Zellengebilde oder kristallinische Bildung emporwachsen. Vorerst haben die Ereignisse das Wort.

Kriege sind im ruhigen Werden und Wachsen der Völker die vulkanischen Ausbrüche: es entladen sich in ihnen Stauungen. Es sind Krisen und Epochen. Die Befreiungskriege 1813/15 schlossen die napoleonische Epoche ab; der Krieg 1870 erfüllte den Kaiser- und Einheitstraum der Deutschen. So empfinden wir alle diesen gegenwärtigen europäischen Krieg als den Abschluß der letzten vierzig Jahre, dieser Blütezeit naturwissenschaftlicher, technischer und kaufmännischer Entwicklung – einer Entwicklung nach außen.

Wir haben uns nicht aus Haß zum Krieg entschlossen. Alle betonen – Naumann in seinen trefflichen Gedanken über »Deutschland und Frankreich« ebenso wie Sven Hedin aus seinen Beobachtungen heraus –, daß wir zumal Frankreich nicht hassen. »Keinen einzigen deutschen Offizier traf ich, der mit Härte über Frankreich sprach. Alle ohne Ausnahme hegen für jenes große und schöne Land eine aufrichtige und ehrliche Sympathie« (Sven Hedin). Anders zwar ist es mit England, dessen Neid und Selbstsucht wir als die treibende Ursache dieses Weltbrandes empfinden. Aber auch hier wäre es unsrem Verantwortungsgefühl niemals eingefallen, Krieg zu suchen. Deutschland wächst, schafft, blüht aus innerem Lebensdrang: es wächst ganz von selber seinen europäischen Nachbarn über den Kopf. Die Auseinandersetzung kriegerischer Art mußte endlich, wie eine Krise, wie ein biologischer oder naturgeschichtlicher Vorgang, die ganz von selbst entstandene Elektrizität entladen. Dieser Krieg ist eine europäische Wachstumserscheinung; es finden Sprengungen, Verschiebungen der unruhig und noch nicht gut gelagerten Gebilde statt. Und so wachsen wir nun, von höheren und inneren Mächten gedrängt, hinein in

Ein Wachsen ist es.

Darüber noch ein Wort!

Man schaue einmal zurück auf die Entwicklung der einzelnen Kulturen: wie sich da zerstreute kleinere Gebilde unter Kämpfen der Anziehung und Abstoßung schließlich zu Großgebilden zusammenzogen.

Erst hatten wir Flußkulturen: am Indus, Nil, Euphrat-Tigris, Jordan. Dann erweiterte sich der Ring zu Binnenmeerkulturen: Griechenland, Karthago, Diadochen-Reich, Rom. Dann kamen die großen ozeanischen Kulturen der Gegenwart.

So war Deutschland erst eine Vielheit von Kleinstaaten, ehe es sich zum Großstaat auswuchs. So waren Frankreich, Spanien, Italien zerfahrene Einzelgruppen, ehe sie sich in Monarchien zusammenfaßten. So bestand in jahrhundertelangen Kämpfen zwischen Schottland, England, Irland feindliche Wechselwirkung, bis ein Großbritannien Angelsachsen, Normannen und Kelten einheitlich umspannte. Das ist die Bedeutung der Kriege: es sind Mischungen, neue Gruppierungen.

Ähnlich steht es jetzt zwischen Deutschen und Franzosen: es handelt sich um die Vorherrschaft auf dem Festland. Wie in Britannien wird sie auch hier den triebkräftigen Germanen zufallen, ohne daß dadurch der Kulturwert der gallischen Rasse vernichtet zu werden braucht. Doch ich fürchte: Frankreich wird, wie die anderen Romanen, zu einer politischen Macht zweiten und dritten Ranges herabsinken, weil kein genialer Staatsmann beizeiten den Bazillus der Revanche-Idee aus dem französischen Nationalblut entfernt hat. Sie starrten unser Elsaß an, die Verblendeten, statt im Ganzen der Welt neuen Lebensspielraum zu suchen und mit Deutschland Freundschaft. Die Russen aber: sie werden durch diesen Krieg aufgerüttelt und auf sich selbst zurückgeworfen, um dort endlich ihr eigenes, verwahrlostes Inneres zu kultivieren, wo es wahrlich genug zu bessern gibt – eine Aufgabe, zu der das Russentum bis jetzt von sich aus nicht fähig war, trotz aller Bomben verzweifelter Nihilisten.

Unser Ziel aber auf dem Festlande wird sein: unter Führung der Zentralmächte ein freies und friedliches

europäisches Großgebilde.

Das ist der äußere Bau. Er ist nicht unsre Sache; wir werden dies der künftigen Staatskunst überlassen.

Ob das Polnische Reich wieder erstehe; ob die baltischen Provinzen von Rußland frei werden; ob von Belfort bis Lüttich und an den Kanal das Reich sich nach Westen schirmen wird, wie ja schon einmal jene Bezirke zum Weltreich Karls V. gehörten: das ist Sache der Fachleute und der Kriegsentscheidung. Jetzt ist ja noch alles flutende Völkerwandrung.

Unsre Aufgabe in dieser Schrift ist innerlicher Art.

Deutschland ist geographisch Europas Mitte. Deutschland ist, nach Hölderlins schönem Wort, der Völker heilig Herz. Zentralmächte nennt man uns jetzt schon politisch; und so werden wir etwas wie Zentralkräfte in uns entwickeln müssen. Kräfte des »Zentrums«, der Innerlichkeit: Kräfte der Herzensgenialität oder des schöpferischen deutschen Gemütes.

Das ist es also, was ich eingangs dieser Betrachtungen meinte: dem deutschen Reichskörper muß eine deutsche Reichsseele geschmiedet werden.

Des Reiches Krone wurde geprägt in zwei raschen glücklichen Kriegen; die deutsche Seelenkrone ist jetzt zu schmieden im größeren Kampf gegen halb Europa, ja die halbe Welt. Nur Kampf und Not entfalten Seelenkraft. Wir wollen es nicht spielend gewinnen: »Des Herzens Woge schäumte nicht so schön empor und würde Geist, wenn nicht der alte stumme Fels, das Schicksal, ihr entgegenstünde« (Hölderlin). Unsere seelischen Muskeln, wenn ich so sagen darf, sollen durch Widerstand geübt werden. Jeder Einzuweihende, in Eleusis oder wo es sei, mußte und muß durch Feuer und Wasser hindurch, um seines Geistes und Mutes Schulung und Stärke zu beweisen. Und so machen wir jetzt eine Einweihung durch. Wir dürfen, als eine der vielen Möglichkeiten der Betrachtung, diesen Krieg einschätzen als

Deutschlands Schulung.

Unser Sieg wird eine noch größere Aufgabe eröffnen, als dieser große Krieg.

Wenn unsre Feinde um uns her Deutschlands Kraft und Größe erlebt haben; wenn sie das Schwert aus den Händen legten und nun herhorchen und Deutschlands Vorangehen und Beispiel erwarten: welche *innere Welt* werden wir diesen entleerten Völkern bieten? Womit werden wir uns, womit werden wir sie auferbauen? Mit welchem Seelengehalt werden wir unsren Reichskörper füllen und adeln?

Genügen da politische und wirtschaftliche Maßnahmen? Haben wir damit Elsaß-Lothringen innerlich erobert? Genügt eine bloß geographische Umgestaltung Europas?

Oder erwarten dann die verbitterten Herzen unerhörte Neugedanken und Neugebilde auf seelischem Gebiet?

Da irgendwo steckt Deutschlands schwerster Beruf.

Wir werden siegen, wenn wir des Sieges würdig sind. Wir werden des Sieges würdig sein, wenn wir nach so viel Außenkultur etwas sehr Wichtiges zu übernehmen fähig sein werden: nämlich

die seelische Höherführung der Völker.

In diesem Sinne wird man von uns Großtaten des Herzens und des Geistes erwarten, kongenial den Großtaten des Krieges. Man wird von Deutschland etwas wie einen Tempelbau erhoffen: eine neue Weihe des durch Mammonismus und Materialismus entweihten Zeitalters.

Das geht wie eine tiefere und tiefste Ahnung durch das jetzige Zeitgemüt, soweit es nicht in seinen Instinkten gebrochen ist durch den Tanz um das Weib oder um das goldene Kalb. Die Gesammelten unter uns spürten da längst ein Pochen in den Tiefen der unbefriedigten modernen Seelen.

Es wird jetzt ein »Haßgesang gegen England« verbreitet (»Drosselnder (!) Haß von siebzig Millionen«), den ich als Zeitstimmung verstehe, in der Form aber ebenso bedaure wie manche andere verfrühte und verzerrte Reimerei der Gegenwart. Wir sollten zu stolz sein, Haß zu »schwören«; was nebenbei unsre Feldgrauen gar nicht nötig haben, denn sie sind auch ohne Racheschwur und derlei Firlefanz gewillt, die Engländer zu hauen. Das berühmte Römerwort vom Furor teutonicus heißt nicht teutonischer Haß, sondern teutonischer Zorn, mit dem Beigeschmack der Wucht und des Ungestüms – ein stolzer, heiliger, unwiderstehlicher Zorn, dem aber nachher wieder der heitere blaue Himmel ausgleichend folgt. Undeutsch sind die knirschenden Empfindungen des berüchtigten Rachepsalms (137): »Wohl dem, der deine jungen Kinder nimmt und zerschmettert sie an den Steinen!« Dagegen gefällt mir ein Wort, das ich neulich in einer Tageszeitung fand (Paul Ernst): »Die Deutschen sind von den größeren Völkern das stolzeste. Sie haben den *großen Stolz*, den, der auf das Seelische geht und oberflächlichen Betrachtern leicht als Demut und Bescheidenheit erscheint. Das unverstandene Gefühl dieses Stolzes hat viele Gegnerschaft gefunden. Noch kürzlich schrieb Karl Peters, daß die Engländer uns verachten, wenn wir ihnen nicht mit gleicher Marke heimzahlen ... Das wird nicht hindern, daß deutsche Art die Welt beherrschen wird und nicht englische Art.«

Ja, so ist es. Und mit edlem Stolz verbindet sich ohne Mühe edle Liebe. Stolz und Liebe ergänzen einander wie Mann und Weib, wie Starkes und

Zartes, wie Würde und Anmut. Wenn ich über mein Lebenswerk ein Leitwort setzen möchte, so dürfte es wohl das Wortepaar Stolz und Liebe sein: stolze Liebe, liebender Stolz. So verdienen denn Eugen Kühnemanns schöne Worte »an die deutsche Jugend im Weltkriegsjahr 1914« (Leipzig, K. F. Koehler) wörtliche und warme Zustimmung: »Ihr werdet in der Feindschaft nicht die Liebe für die bessere Seele des Feindes vergessen. Der Sinn des Krieges liegt in dem Frieden, zu dem er führt. Tragt als Krieger den hohen Sinn des kommenden Friedens in euch, daß der Völkerhaß dennoch in einem neuen Reich der Liebe ende! Dies ist die tiefste deutsche Art: in allem, was Menschenantlitz trägt, und in jeder Volksart eine eigene Gestalt der Menschheit und in ihr eine Offenbarung Gottes zu lieben. Das Reich der verstehenden Menschenliebe ist das Reich des deutschen Geistes.«

Vor der Gefahr der Weichmütigkeit ist diese verstehende Menschenliebe bewahrt, sobald sie sich mit Stolz und Würde paart. Denn sie ist wie eine edle Jungfrau, die neben einem wuchtig gepanzerten Ritter leicht und sicher durch den Wald geht.

Wenn wir mit diesem Stolz den jetzigen englischen Geist ablehnen, so sind wir von gutem Instinkt beraten. Denn dort drüben hat seit vielen Jahrzehnten, von Propheten wie Ruskin oder Carlyle mit zorniger Sorge umsonst gebrandmarkt, eine Landverödung und Seelenverödung Hand in Hand mit rücksichtsloser Politik des Geldmachens gearbeitet, so daß endlich einmal die Katastrophe kommen mußte. Die Grundlage einer guten Volkswirtschaft war je und je das gesunde Verhältnis zwischen Handel und Landbau: zwischen dem Beweglichen und dem Steten im Volkskörper. Nimmt die heute allgemeine Gefahr der Landflucht und des Massenandrangs in Fabriken und Großstädten weiter zu; vermehrt sich in Deutschland der östliche Zudrang einer polnisch-galizischen Unterschicht, die nach und nach in unser Volkstum hineinwächst: so werden Mächte über Deutschland die Oberhand bekommen, die den deutschen Charakter zum Unguten verändern werden. Bis jetzt ist noch jene Anekdote bezeichnend, die neulich durch die Blätter ging: ein Engländer äußerte, falls dies und das geschehe, würde England kämpfen bis zum letzten Penny. »Und Deutschland bis zum letzten Blutstropfen«, versetzte der Deutsche schlagfertig. Dort Penny – hier Blut; dort Söldner – hier Volk; dort Geschäft – hier Erlebnis! Das ist der Unterschied zwischen englischer und deutscher Kriegsauffassung.

Der Deutsch-Engländer Houston Stewart Chamberlain, ein Geist von europäischer Spannweite, der sich äußerlich und innerlich in Wagners Welt eingebürgert hat, schrieb in diesen Tagen einige herbe Aufsätze über englische Art (Tägl. Rundschau, 252 ff.). Wir alle kennen und lieben an Shakespeares Dramen und Scotts Romanen das »merry old England«, das heitere Alt-England aus den Zeiten etwa der Königin Elisabeth. Aber mit zunehmender Schiffahrt (Sklaven- und Opiumhandel!) nebst

Begleiterscheinungen seeräuberischer Art und einseitig zunehmender Industrie ist das fröhliche Alt-England zugrunde gegangen. »Heute ist die letzte Spur zertreten: man trifft in England keine Behäbigkeit, keinen breiten, *gütigen* Humor, keine *Heiterkeit* an; alles – soweit das öffentliche Leben in Betracht kommt – ist Hast, Geld, Lärm, Pomp, Protzentum, Vulgarität, Arroganz, Mißmut, Neid. Man erinnert sich des schönen altenglischen Weihnachtsfestes mit dem Schmuck von fruchttragenden Stechpalmen und den Mispelzweigen, unter denen unschuldige Küsse gestohlen wurden; am wenigsten an diesem Tage war, selbst noch vor dreißig Jahren, in ganz England auch nur ein Mensch aus seinem Heim zu locken; heute sind die Säle aller Riesengasthäuser Londons schon wochenlang vorher ausvermietet; an tausend Tischen sitzt Familie an Familie, ißt und zecht und lärmt, bis dann um Mitternacht das gemeinsame Abbrüllen trivialer Gassenhauer im Stile des widerlichen ›for he's a jolly good fellow‹ anhebt, nach welcher Verbrüderungsfeier die Tische schnell abgeräumt werden und nun alle diese Jünglinge und Mädchen, die sich vorher nicht kannten, sich dem Genusse von Negertänzen hingeben, während die Gesetzteren in Nebenräumen Karten spielen: so wird heute die Geburt unseres Heilandes Jesus Christus in England gefeiert!«

Wir andren, die wir uns nur wenige Wochen oder Monate in England und Schottland aufgehalten haben, können hier natürlich nicht mitreden. Aber ergänzend und verallgemeinernd darf man doch hinzufügen: die hier geschilderte seelische Verrohung – der bis in den höchsten Adel hinauf ein rücksichtsloses Geldmachen entspricht – ist vielleicht nicht nur eine englische Zeiterscheinung. Sie scheint uns der Stimmung der jetzt ablaufenden Erdepoche überhaupt zu entsprechen. Gerade dieser Zeitgeist soll künftig durch ein erneuertes Deutschland – durch die werdende deutsche Reichsseele – überwunden werden: auch in uns selber. Und so haben die obigen Feststellungen auch für unser Deutschland den hohen Wert der anschaulichen Warnung.

Unser stolzer Denker Fichte, der einst in schwerer Zeit seine mutigen Reden an die deutsche Nation gewagt hat, wird jetzt wieder zeitgemäß. Er ist ein Beweis, wie gut sich Stolz und Liebe in Tat und Denken paaren. In seinen Vorlesungen »Anweisung zum seligen Leben« betont er: »Der Mittelpunkt des Lebens ist allemal die Liebe. Was du liebst, das lebest du.« Das Herz baut von innen heraus; und so wird die Reichsseele von innen heraus Zelle an Zelle setzen vermöge der gestaltenden Kraft der Liebe.

Aber Liebe wozu?

Da erhebt sich nun die ganze Würde unserer deutschen Sendung. Unsre großen Denker und Dichter haben uns die heute – im Zeitalter einseitiger Sinnlichkeit – leider beschattete und getrübte Antwort längst in Klarheit erteilt. »Das wahrhaftige Leben liebet das Eine, Unveränderliche und Ewige« (Fichte). Es ist eine stolze Antwort; und sie muß immer wieder lauten:

Liebe zum Ewigen in den Dingen.

Der Krieg mußte kommen. Die elektrische Entladung der europäischen Luft war eine Lebensnotwendigkeit. Wir hatten keinen Sauerstoff, keinen Himmel mehr; wir drohten im sinnlichen Dunst und im Kleinmenschlichen zu ersticken.

Ein junger Grieche, der in Jena studierte, sprach einmal zu einem meiner Verwandten ein ernstes Wort. »Wissen Sie, weshalb trotz aller Fortschritte in Industrie und Technik so viel Unbefriedigung in der modernen Welt ist? Weil Deutschland nicht mehr vorangeht. Worin vorangeht? In dem, was man ehedem deutschen Idealismus genannt hat. Wir Ausländer kommen hieher und suchen das Geistesland eines Goethe, Schiller und Kant, eines Beethoven und Mozart – und machen die Entdeckung, daß ihr in dem rasenden Wettbewerb um zeitliche und sinnliche Dinge ebenso mitmacht wie alle andren.«

Wie alle andren – ja, aber in den Tiefen haben die Besten von uns unsäglich gelitten. Ernst Horneffer gibt einer verbreiteten Stimmung Ausdruck, wenn er in seinem Schriftchen »Der Krieg« (München, Reinhard) ausführt: »Das Volk der Denker und Dichter war gar nicht mehr wiedererkennbar. Die Seele mit ihren zarteren Regungen und innigeren Bedürfnissen kam zu kurz« – denn unsre Väter, das Reich ausbauend, waren notwendigerweise »ganz hingegeben den drängenden Arbeiten des äußeren Lebens in Wirtschaft und Staat. Aber wenn nun das Herrliche wirklich geschieht: nach dem großen Kriege der große Sieg – dann müssen wir nachholen, was der rauhe Pflichtdienst unsren Vätern versagte; ein Reich des Geistes, der Wahrheit und Schönheit, ein hehres, edles, inneres Reich müssen wir in das machtvoll herrschende äußere Reich einbauen«.

Man hört hier denselben Klang wie oben bei Kühnemann. Und so war eins der markantesten Bücher der letzten Jahre Rudolf Euckens »Sammlung der Geister«, das von derselben Sorge durchbebt ist.

Wir saßen einmal, wenige Monate vor dem Kriege, in Darmstadt beisammen, etwa fünfzig Herren mit einigen Damen, und berieten in Anknüpfung an Euckens zeitgemäßes Buch: wie können die Menschen, die irgendwie auf idealistische Weltanschauung gestimmt sind, mehr untereinander Fühlung und auf den Zeitgeist Einfluß gewinnen? Unversehens war man mitten im Gründen eines Vereins und einer

Zeitschrift, wie das ja bei Deutschen nicht leicht anders möglich ist. Da erhob sich einer und sprach aus dem Unmittelbaren heraus: »Ich bin hiehergekommen aus einer seelischen Not; ich will vor allem mich selber aufrichten im Verkehr mit Gleichgestimmten; lassen wir also zunächst dieses Hinauswirken, denken wir an unsre gemeinsame innere Not!« Das Wort fand Widerhall. Die Erörterung verflüchtigte sich dann freilich; und es ist wohl selbstverständlich, daß kein bestgeleiteter Verein, keine Methoden, nichts, aber auch nichts – die Arbeit hätte verrichten können, wie sie nun der seelenaufrüttelnde Krieg vollbringt.

Die Stimmung war ungefähr so, wie sie der tempelhaft dunkle Lyriker Stefan George in zahlreichen Zeitgedichten geprägt hat, z. B. in folgendem (Der Stern des Bundes, Berlin 1914):

Aus Purpurgluten sprach des Himmels Zorn:»Mein Blick ist abgewandt von diesem Volk.Siech ist der Geist, tot ist die Tat!Nur sie, die nach dem heiligen BezirkGeflüchtet sind auf goldenen Triremen,Die meine Harfe spielen und im TempelDie Opfer tun – und die, den Weg noch suchend,Brünstig die Arme in den Abend strecken:Nur deren Schritten folg' ich noch mit Huld.Und aller Rest ist Nacht und Nichts.«

Wir können nicht untersuchen, woran diese dumpf-sinnliche Verfilzung des Zeitgeistes lag; wir haben aber am eigenen Leib gespürt, wie weh sie auf uns gewirkt hat. Wenn Raabe oder Feuerbach, Grillparzer, Böcklin, Thoma und manche andre bis zum heftigen Naturell Nietzsches, der bekanntlich kurz vor seinem Wahnsinn überhaupt keinen Verleger mehr gefunden hat – wenn diese und ähnliche geistigen und künstlerischen Mächte spät oder bei Lebzeiten gar nicht zur Wirkung gelangt sind: lag es wirklich an einer boshaften Versippung der Mittelmäßigen? Herr im Himmel, was für fade Ästheten des Auslandes hat man bei uns verhimmelt! Ist es bezeichnend für das verflossene Jahrhundert, daß an seinem Anfang sich Kleist erschoß und an seinem Ausgang Nietzsche irrsinnig wurde? Hat der bittere Abseiter Bleibtreu recht, wenn er in einer Schweizer Zeitschrift ausruft: »Man hat das beklemmende Schauspiel, wie verzweifelt und ohnmächtig die öffentliche Meinung Deutschlands als Presse sich unter internationaler Verleumdungsmache windet, wie alles Wahrheitreden brutal unter die Füße gestampft wird und die vorgefaßte Meinung sich einfach nicht bekehren lassen will. Welche Tücke, welche Bosheit! schreit die deutsche Presse. Ja wohl, nie würdet *ihr* so das *Ausland* verleumden: wohl aber eure Landsleute im Inland, wenn sie euch unbequem sind!«

Wahrlich, wieviel gehässige Spannungen zwischen den einzelnen Menschen, welches planmäßige Verachten oder Totschweigen zwischen literarischen Gruppen: zwischen Parteien, Konfessionen, Rassen und

Klassen! Wieviel geheime Tragik! Als Schriftsteller hat man, durch mannigfache Reisen oder durch vertrauensvolle Briefe, manche Möglichkeit des Einblicks in das stille Hinsiechen edler, brutal zertretener Seelen, während die feiste Roheit gedeiht. Wer sich da nicht einstellen kann auf das Ewige in den Dingen, wer nicht durch fortwährende Übung und Trainierung das Sonnige in sich zu erzeugen und wachzuhalten vermag: der wird in diesen Kleinmenschlichkeiten zerrieben. Kein »Wille zur Macht« erlöst uns von diesem Zeitgeist, sondern nur – wie ich einmal ausführte (»Parsifal und Zarathustra«) – der Wille zur schöpferischen Liebe. Es ist Herbst in Europa: wir frieren und hungern in dieser verfluchten Nützlichkeits-Weltanschauung. Wo strömt denn noch drängende Fülle des Herzens, wo belebt uns noch sprudelnde Melodie überreicher Menschen? Wo sind sie denn? Uns vertrocknete ja in dieser Verständelei der magnetische Strom, der Herzen mit Herzen verbindet, jenes Überschäumen genialster Art, wie es in mittelalterlichen Formen einst ein Franz von Assisi in den erkalteten Zeitgeist geworfen hat. Nicht neue Richtungen, wie diese schauerlichen Ismen Futurismus, Kubismus, nicht sinnliche Fratzen noch erotische Tänze, wir haben genug von dem wüsten Zeug! Eine tapfere neue *Liebesmacht* überweltlicher Art muß durch unsre Herzen brausen wie ein alles überschwemmender, alles ausfüllender und erfüllender Strom.

Vorerst haben wir jenen feilen Geist noch nicht aus seiner Hochburg, dem Theater und dem Kabarett, hinweggespült. Nach den empörten Stimmen ernster Kritiker wagt er sich auch an unsre Verwundeten heran, die dann mit schlecht verhehlter Enttäuschung solche aufgezwungenen Unterhaltungsabende verlassen. Alles Nationale haben jene Burschen als Epigonentum verhöhnt; jetzt machen sie es als Mode mit, von der Wucht der Stunde gezwungen, und verzerren es zugleich. Mehrfach ruft man jetzt sogar nach Wildenbruch, dem man das Leben verbittert hat!

Da erheben uns ganz anders Kriegserlebnisse, unmittelbar und ergreifend, fernab von den einst so wichtig genommenen Brünsteleien der Kunst. Aufs Geratewohl sei aus dem vielen herausgegriffen, was z. B. ein Nürnberger Stadtpfarrer in einem Flugblatt mitteilt:

»Im verdunkelten Zimmer liegt ein Schwerverwundeter auf dem Sterbelager. Die schöne, jugendkräftige, durchschossene Gestalt hingestreckt in Todesnot. Er betet mit mir in lauten Worten die alten Lieder aus dem Dreißigjährigen Kriege, die uralten Kernsprüche aus der Heiligen Schrift für die Not aller Zeiten. Sie haben an Kraft nicht eingebüßt. Wie ihm das alles gegenwärtig ist: ›Wenn ich einmal soll scheiden, so scheide nicht von mir‹, bis hin zu dem Friedenswort: ›Wer so stirbt, der stirbt wohl‹, wie ihm das heilige Bild des Helden und Retters von Golgatha zum Schilde wird im letzten Kampf! Dann sagt er mir seinen letzten Willen. Ich schreibe die schlichten, stoßweisen Worte auf: ›Die Meinen sollen glauben ihr Leben lang, daß Gott uns nicht verläßt, darum sollen auch wir ihn nie verlassen. Von den Schrecken des Krieges und meinen Leiden soll vor ihnen *geschwiegen* werden.‹ Noch einmal ein Aufflackern der Kraft und dann ein Sinken in Gottes Arme, der unsere Zeit in seinen Händen hat.«

Und ein zweites:

»Gedenke daran, daß, wenn dein Mann fällt, du eines Helden Weib gewesen bist«, so las ich auf der Feldpostkarte eines *Arbeiters* an seine Frau. Er ist gefallen. Auch sein letzter Wille war: »Faßt unsern Tod *groß* auf!«

Groß! Da liegt es. Das europäische Dichten hatte wohl noch viel Sinnlichkeit und Verstand: aber keine wahre *Herzensgröße.* Leid und Heldentum kommen jetzt bis in die ärmste Hütte und bis in den reichsten Palast. Und jeder, der einmal an einem Sterbebett geliebter Wesen oder an ihrem Grab gesessen und gesonnen hat, fühlt das Gezänk des Geschmäcklerwesens in Wissenschaft und Literatur weit, weitab verkläffen: er sitzt an Mimirs Born und lauscht mitfühlend dem Leben selber.

Da irgendwohin will nun die Lebensentwicklung der Gegenwart eine Wende machen. Für diesen neuen Geist opfert sich unsre prachtvolle Jugend draußen in der Herbstnässe. Was ist denn jene seelische Not, aus der wir dort in Darmstadt zusammengekommen sind? Was suchten all die stillen Gralsucher in Deutschland – etwa die vielen neugermanischen Verbände und Logen, die Anhänger eines Müller-Mainberg, die Theosophen um Steiner, die christlichen Gruppen, die Vegetarier, die Reformer, und wie das alles heißen mag: – was ist da für eine geheime Unruhe im religiös-philosophischen deutschen Gemüt der Gegenwart? Pocht da irgend etwas im Bergwerk? Ist eine neue Zeitstimmung an der unterirdischen Arbeit?

Sie ist uns willkommen, wenn sie einen frommen und doch freien Menschentypus schafft wie Schiller oder Walther von der Vogelweide. Ging nicht auch die Witterung eines Nietzsche nach einem »Übermenschen« jenseits des jetzigen Menschenmaßes? Mag sein »Antichrist« kommen: wir erwarten aber noch sicherer und sieghafter die kommende Christus-Güte.

Hier harrt unser eine Heldenaufgabe, die den Kämpfen draußen im Schützengraben ebenbürtig ist.

Allem Vereinfachen des Monismus zu Trotz ist der Mensch ein vielfältig Gebilde, mindestens eine elektrische Spannung *zweier* widerstreitender Kräfte: es ist in uns eine Polarität zwischen animal und anima, zwischen Tier und Geist, zwischen Schwerkraft und Schwungkraft. Dehmel, der jetzt trotz seiner mehr als fünfzig Jahre die Flinte trägt, hat diesen Zwiespalt oft geformt; er, dessen Geist immer mit einer Dumpfheit des Trieblebens rang, scheint sich nun dem Krieg wie einem Befreier vom Individualismus in die Arme zu werfen, froh des Anschlusses an sein Volk, froh der würdigen und großen Aufgabe. Nur im kämpfend zu erringenden Ausgleich oder Gleichgewicht zwischen jenen polaren Kräften ist der Idealzustand starken und edlen Menschtums erreichbar. Es ist wie die elektrische Spannung zwischen Sonne und Erde: eine Zweiheit, auf der letzten Endes das Geheimnis der Lebensflamme beruht.

Der oben genannte Chamberlain beginnt in seinem »Goethe« (München 1912) ein Kapitel mit folgenden Worten: »Es ist keine Redeblume, wenn ich behaupte, in diesem ersten antinomischen Widerstreit zwischen Maß und Ungemessenem, zwischen Schranke und Schrankenlosem, zwischen Teil und Ganzem liege der Grundstein zu Goethes Weisheit eingemauert« (S. 573). So ist es in der Tat auch meiner Überzeugung nach (vgl. Wege nach Weimar, Bd. VI). Alles Geniale des Geistes und alles Große des Herzens wird nur herausgeschlagen durch Widerstreit und Wechselwirkung der Kräfte. Liegt hier vielleicht für alle vornehmen Naturen ein seelischer Hauptwert dieses Krieges? »Denn wir ahnen die furchtbaren Bedingungen, unter welchen allein sich selbst das entschiedenste Naturell zum Letztmöglichen des Gelingens erheben kann«, äußerte Goethe vor Meisterwerken des scheinbar so mühelos und sonnig schaffenden Raffael.

So wird denn auch die deutsche Reichsseele nicht so einfach von außen erkämpft und uns dann bequem geschenkt oder verabreicht, sondern dieses Werden findet jetzt in uns allen statt. Diese Reichsseele, von der hier wiederholt gesprochen wurde, ist eine gemütserschütternde Geburt oder Errungenschaft; alle, denen es ernst ist, arbeiten an ihrer Gestaltung. Dieses Gottesreich ist kein fertiges Gebilde, das irgendwo wartet: es kann nur durch uns, in uns und an uns erlebt und durch Erlebnis gestaltet werden. Unser Seelisches arbeitet jetzt an diesem noch unfertigen Ideal. Fertig ist vorerst nur, vorhanden und wach die durch den Krieg großzügig und glutvoll belebte

schöpferische Stimmung.

Auf diese jetzt arbeitende schöpferische Stimmung setzen wir unsre Hoffnung. Und unsre Bitte sei diese: daß uns fortan nicht mehr »der klügelnde Sinn« bewegt, sondern daß uns »beflügelnde Liebe trägt«. Es gibt neue Reiche zu erobern, deutsche Jünglinge, sobald Kanonen und Gewehre ihre jetzige Arbeit getan haben! Nämlich Reiche der Innenwelt. Dieselbe Tapferkeit, die jetzt unser Außenreich verteidigt, wird auch das Innenreich nicht in Träumerei betreten, sondern in Eroberungsdrang. Aber mit Beherzigung der obersten aller Kräfte: der Ehrfurcht vor dem, was in und über uns, um und unter uns ist (Goethe). Jünglinge werden sich gegenseitig stärken als gute Kameraden in diesem Kriegszug nach dem unentdeckten

Lande: nach dem Lande der Seelenschönheit, der Herzensgüte, des Menschenadels.

Wir sind das innerlichste Volk. Unser Wald ist berühmt durch forstliche Pflege. Wir Deutschen brauchen zur Erholung und Besinnung immer wieder den Wald. Aus dem Urwald ist unsre Zivilisation und Gesittung emporgerodet worden; unsre Ahnen lebten, jagten, beteten im Walde; unser deutsches Dichten ist in erster Linie berühmt durch Natursinn. Der Klang »Teutoburger Wald« steht am Eingang unsrer Geschichte; und wiederum der Klang »Sachsenwald« weckt eine Welt voll vaterländischer Gefühle. Wir lieben des Waldes Innerlichkeit und Tiefe; das Waldweben im »Siegfried« und der Karfreitagszauber in desselben deutschen Meisters »Parsifal« sind jedem gebildeten Deutschen bekannt und lieb. So auch der Osterspaziergang im »Faust«, so Grimms Märchen, Löwes Balladen, Schwinds und Richters Gemütsromantik. Deutsches Gemüt und deutsche Natur, obenan der Wald, gehören zusammen. Böcklin hat uns einen heiligen Hain und fremdartig tiefe Landschaften gemalt. Wohlan, so kann ein seelenvolles Deutschland für Geister und Herzen Europas ein *heiliger Hain* der Sammlung werden: der Einstellung auf das Ewige.

Diese Stimmung haben feinbesaitete, melodische Sänger und Seher wie Hölderlin und Novalis ersehnt.

»Genius unsres Volks,Wann erscheinest du ganz, Seele des Vaterlands,Daß ich tiefer mich beuge,Daß die leiseste Saite selbstMir verstumme vor dir, daß ich beschämt und still,Eine Blume der Nacht, himmlischer Tag, vor dirEnden möge mit Freuden ... Wenn unsere Städte nunHell und offen und wach, reineren Feuers voll,Und die Berge des deutschenLandes Berge der Musen sind,Wie die herrlichen einst: Pindos und Helikon« ...

So sang Hölderlin im Eingangsjahr des vorigen Jahrhunderts und ersehnte – er, der im »Hyperion« mit so zorniger Liebe sein Deutschland anklagte – in demselben Gedicht »rings unter des Vaterlands goldnem Himmel die freie, klare, geistige Freude«.

Wir haben sie längst, die heiligen Stätten und Berge, wir haben Wartburg und Weimar im innersten Deutschland, wir haben Sanssouci, den Kyffhäuser, den Brocken – und nicht dies allein, denn das sind ja schließlich nur Orientierungspunkte: wir haben aber auch in deutscher Philosophie, Religion, Dichtung, Kunst und Musik eine Fülle von Weistümern, von Tempeln und melodischen Hainen. Politisch und wirtschaftlich mag sich Europa gestalten, wie es eben der Staatskunst der Europäer glücken mag; aber geistig werden sie, so hoffen wir, in unsre reinlichen deutschen Gassen und Haine kommen, wie einst Gäste aus dem ganzen Mittelmeergebiet zu Pythagoras und Plato oder zu den olympischen Spielen gekommen sind.

Dies, und nichts anderes, ist unser eigentlicher »Imperialismus«, der jetzt so viel gescholten wird. Es ist einer unsrer tiefsten und stolzesten deutschen Gedanken: der Reichsgedanke. Einst trug er den weihevollen Namen »das heilige römische Reich deutscher Nation«; es ist die Vorstellung eines mächtigen Friedensreiches auf Erden; selbst im »Zukunftsstaat« der Sozialisten schimmert dieses Ideal hindurch. Durch Geschichte und Dichtung geweiht, liegt auch heute noch Kraft und Zauber in Wendungen wie »des Reiches Krone« oder »des Reiches Herrlichkeit«.

Kant oder Augustin und andere sprechen in Anknüpfung an das Neue Testament von einem »Reich Gottes auf Erden«, von einem »Gottesstaat«, einem »Königreich der Himmel«, und wie die Umschreibungen für ein Neuland der Seele lauten mögen. Am Schluß der Edda ist von einem neuen Himmel und einer neuen Erde die Rede; und so auch am gewaltigen Schluß der Bibel (Offenbarung Johannis). Hier klingen die schauerlichen Strafgerichte zuletzt in das strahlende, friedensvolle Gesicht einer leuchtenden Stadt aus: der Seher sah diese Stadt Gottes »herniederfahren aus dem Himmel«; und sah darin »keinen Tempel, denn der Herr ist ihr Tempel; und die Stadt bedarf keiner Sonne noch des Mondes, daß sie ihr scheinen; denn die Herrlichkeit Gottes erleuchtet sie«. Ich will hier einen Gedanken formen, der phantastisch scheint und doch dem symbolisch geübten Blick sofort als real einleuchten muß: die Stadt Gottes oder das Idealreich edler Geister und Herzen schwebt allezeit unsichtbar in der geistigen Luft des Erdballs, in deren Schwingungen jeder von uns lebt. Das Gemüt des Sehers und Künstlers fängt Strahlungen von ihr auf; sie leben in ihm als Ideal; das Ideal fein und schimmernd wie die Zinnen und Bäume einer Fata Morgana, ist stets gewillt und bereit, sich herabzulassen in die Sichtbarkeit, sei es in das Herz eines einzelnen, sei es in das Gesamtempfinden eines würdigen, auserwählten Volkes. Dies ist das Herabsteigen des heiligen Grals. So schwebten schon Asgard, Walhalla, Folkwang als wahrhaftige Ideale über und in dem Empfinden der altgermanischen Herzen. Und man darf nicht etwa wähnen, sie seien nur nebelhafte Widerspiegelungen irdischen Denkens: – ist denn etwa die Sonnenglut bloß eine Widerspiegelung unsrer Herzensglut? Nein, sie ist Tatsache. Und so ist der Geist und das Göttliche absolute Tatsache; wir ehren und erhöhen uns, wenn wir unser Inneres zur Höhe des Ideals in Wechselwirkung setzen – wie das Auge zur Sonne.

Es ist ein Grundgefühl germanischen Empfindens, die *Tatsächlichkeit* der geistigen Welt oder des Ideals oder des Himmels oder der Gottheit genau so stark zu erleben, wie die Tatsächlichkeit der Sonne. Ohne diese Grundvoraussetzung ist der ganze »Faust« undenkbar; und ebenso undenkbar Dantes »Comödia«. In beiden Dichtungen sind Vorgänge der geistigen Welt geschildert, in der ein Teil unsres Wesens immerdar lebt. Wir müssen wieder symbolisch denken lernen, so werden wir zugleich geistiger denken und dem Geheimnis des Lebens näherkommen.

Haben wir 1870 eine sinnlich-sichtbare Krone aus Edelmetall geschmiedet, so handelt es sich jetzt im Jahr 1914 – unbeschadet aller äußeren Macht, die wir zu behaupten gedenken – um die Schaffung einer Seelenkrone aus einem noch edleren Stoff: aus *Licht und Geist.* Mit äußerem Blut ist jene Krone gekittet und mit besonnener Begeisterung geschmiedet; wieder mit körperlichen Opfern – aber noch mehr mit *Herzblut* wird die neue Krone geschmiedet werden. Denn unsre Prüfungen sind noch lange nicht zu Ende.

Sind wir damals aus einem kleindeutschen zu einem reichsdeutschen Bewußtsein erweitert worden, so wird jetzt eine andere Kraft in uns die Knospe sprengen, noch umfassender, noch geistiger:

ein kosmisches Bewußtsein.

Ich erwarte in Deutschland das Wiedererwachen der spirituellen oder metaphysischen Welt. In wem dieses Erleben aufglüht, der ist aus einem schweifenden Kometen ein beruhigter Planet und schließlich Sonne selber geworden: er hat die Wärmequelle oder die Gottheit fortan in seinem eigenen Innern.

So steht der Sonntag – Sonnen-Tag – mitten in den sechs Werktagen, die auf ihn zurollen, sich an ihm sonnen und wieder von ihm hinwegfliehen, um immer wieder zu kommen. So bewegen sich die Planeten um ihre Sonne. Und so – gestatte man uns den Stolz dieses Vergleiches! – werden sich die Völker Europas um den Sonntag und die Sonne Deutschland bewegen. Und die jetzt unsere Feinde sind, werden einst eines starken, nicht mehr michelhaft weichmütigen, sondern reifen, charaktervollen, gütigen Deutschlands Gäste und Freunde sein. Wahre Liebe ist nicht weichlich; der Sonnengott ist auch Drachentöter.

Die Erde wartet wieder auf einen Feiertag. Die Donner des Krieges sind das Rasseln der Pforten, die ihn auftun. Die Sendung eines Christus ist noch lange nicht erfüllt. Es ist zu erwarten, daß die in ihm wirkende kosmische Macht der gestaltenden Liebe immer wieder wirksam wird, wenn die Dämonen ihr Werk getan haben. Jetzt sind die Geister der Kraft und des Hasses an der Reihe; nachher treten die Genien der Güte hervor, die bereits zwischen den Schlachten ihre stille Arbeit verrichten. Durch die Menschheit geht jetzt ein dröhnendes »Wir«, ein Gesang der Massen; nachher wird man, nicht in egoistischem, sondern in ewigem Sinne, wieder sein unvergänglich

»Ich« erleben als etwas unendlich Seliges und Kostbares. Das höhere Ich ist im Heiligtum des Menschen das Innerste, wie etwa die Ampel über dem Hochaltar der katholischen Kirche. So ist Deutschland das innerste Land: wo der Mensch zum Bewußtsein seines unvergänglichen Ich und damit zu einer Neugeburt seines ganzen Wesens gelangen kann.

Man wagt jetzt wieder, den Namen Gott auszusprechen und etwas dabei zu empfinden. Man weiß wieder, unter unseres Kaisers Vorantritt, was die Gedankenwucht des Gebetes heißt: man weiß, daß hier eine Macht des liebenden Herzens am Werk ist, fürbittende Gedanken, die wie ein Opfer zum Meister aller Schicksale emporrauchen: »Bewahre mein Liebstes! Und muß geschieden sein, so gib Kraft und Größe ihm und mir!« Jetzt ist das Sterben eine landläufige Sache geworden; Ewigkeit dröhnt in den Alltag herein. Wir spüren den Odem einer unfaßbaren Gewalt, die wir Schicksal, Vorsehung, Gott nennen – die kein Mechanismus sein kann, sondern etwas überaus Lebendiges, das uns und unsre Menschenbrüder durchhaucht. Gott beweist man nicht: man kann ihn nur erleben und erlieben.

Daß diese erhabene Ruhe, Glut und Größe des Lebensgefühls in uns allen wieder eine innermenschliche Macht werde: das ist, deutsches Herz, vielleicht deine schönste

Aufgabe der Zukunft.

Gräfenroda (Thür.), 31. Oktober 1914.

www.ingramcontent.com/pod-product-compliance
Lightning Source LLC
Chambersburg PA
CBHW050027170726
48282CB00025B/583

9789356709515